La Damnation

De Polichinelle

RÉPERTOIRE DE J. TRUFFIER

ÉMILE BLÉMONT

La Damnation
De Polichinelle

PARIS

TRESSE & STOCK

LIBRAIRES-ÉDITEURS

8, 9, 10 & 11, Galerie du Théâtre-Français

1890

ÉMILE BLÉMONT

La Damnation De Polichinelle

PARIS

TRESSE & STOCK

LIBRAIRES-ÉDITEURS

8, 9, 10 & 11, Galerie du Théâtre-Français

1890

Tous droits réservés

RÉPERTOIRE DE J. TRUFFIER
de la Comédie-Française

ÉMILE BLÉMONT

La Damnation
De Polichinelle

PARIS
TRESSE & STOCK
LIBRAIRES-ÉDITEURS
8, 9, 10 & 11, Galerie du Théâtre-Français

1890

A TRUFFIER.

A monsieur Po !

A monsieur Li !

A monsieur Chi !

A monsieur Nelle !

A monsieur Polichinelle ! ! ! !

Son ami dévoué

E. B.

La Damnation

De Polichinelle

Polichinelle était damné.
Étant mort, comme il était né,
Dans la licence et le scandale,
Il était damné, le vandale !
Dès qu'il eut, au dernier banquet,
Exhalé le dernier hoquet,
Un, deux, trois démons, dare-dare,
L'emportèrent vers le Tartare :

« — Pan ! pan ! — Qui va là ?
Fit Cerbère en sentinelle.
    « — Pan ! pan ! le voilà !
Ouvrez ! c'est Polichinelle ! »

*
* *

Au milieu des enfers,
Pleins de sinistres flammes,
Le regard de travers,
Pluton jugeait les âmes.
« — Amenez sans retard
        Ce pendard ! »
Dit-il d'une voix forte
        A l'escorte,
Quand il eut aperçu
        Le bossu.

*
* *

Vite on mit sur la sellette
L'illustre casse-noisette ;
Pluton aussitôt reprit :
« — Salut, gredin plein d'esprit !
Des paillards tu fus le pire.
  – Sambrejoi ! le fus-je, Sire ?

— Petit, au lait maternel
Tu préférais du Lunel.
— Du bon ! — Tes instincts précoces
Grandissant avec tes bosses,
Tu montras tous les défauts,
Flaneur, gourmand, rageur, faux !
Le soir même de ta noce,
Ton caractère féroce
En pleine table apparut ;
Ta belle-mère en mourut.
— Bon débarras pour son gendre !
— Ta femme, pourtant si tendre,
Tu la battais chaque jour !
— Je la battais par amour !
— Tu lui volais sa monnaie.
— Il en faut bien, tout se paie.
— Tu fus (on t'a condamné !)
Marchand de vin fucshiné,
Camelot, jeu de massacre.
Grec, suisse, cocher de fiacre,
Agent matrimonial...
Puis tu fondas un journal !
— Je livrais avec constance
Le combat pour l'existence,
Ayant, en bon citoyen,

Uu seul but en tout : mon bien !
— Mais ta convoitise immonde
Compromettait tout le monde
Dans le plus mince intérêt.
— Tout le monde m'adorait.
— Et pour cela, vieux satyre,
Qu'as-tu donc fait ? — J'ai fait rire.
Rien qu'à voir mon nez fleuri,
On riait. Quand on a ri,
On pardonne. Ma pratique
Et ma verve fantastique
Surpassaient encor mon nez !
Que de baisers m'ont donnés
Les orphelins… et les veuves !
— Tu mens. — Sambrejoi ! — Des preuves ! »

*
* *

A peine Pluton eut-il dit cela,
Que Polichinelle, en riant, siffla
      Sa chanson dernière ;
Et zest ! il partit comme un coup de vent,
Et zest ! il dansa, bosse par devant,
      Bosse par derrière.

Il pirouettait, galant et joyeux,
Il tirait la langue. il roulait les yeux ;

Et dans ses grimaces,
Il savait garder un air si charmant,
Il articulait doctoralement
Des cris si cocasses,
Que tous les démons, d'un accord commun,
Lâchant leurs damnés, s'esclaffaient dans un
Délire sans bornes ;
Et que Proserpine en manifestait
Des transports auxquels son mari sentait
S'allonger ses cornes.

*
* *

Comme par enchantement
Cessèrent tous les supplices ;
Les Enfers en un moment
Furent un lieu de délices.
Pluton seul ne riait point
Devant le bossu cynique :
« — Assez ! tu me fais la nique,
Dit-il en montrant le poing.
Cette farce est insolente,
Ce pitre est exorbitant ;
Qu'on me le plonge à l'instant
Dans un bain de poix bouillante !
— Ah ! tu le prends sur ce ton,
Triple coquin de Pluton !

Fit alors Polichinelle,
Un éclair dans la prunelle,
En ramassant son bâton.
Tiens ! voilà pour tes histoires
Et tes interrogatoires !
Tiens ! tiens ! reçois cet atout !
Voilà pour ta poix qui bout !... »

* *

Et Polichinelle, adroit comme un singe,
Cognait sur la peau, tapait sur le linge
        Du méchant Pluton,
Lui disant : « Voilà comment on me damne ! »
Lui cassant le nez, lui fêlant le crâne
        Jusques au menton !

Pluton cria : Grâce ! au vainqueur, au maître,
Que, très humblement, il dût reconnaître
        Pour son successeur ;
Et Polichinelle, abaissant sa gaule,
Avec majesté lui dit : « Va-t-en, drôle,
        Sois mon rôtisseur ! »